John P. Moore

Kurt Halbritter

Jeder
hat das Recht

Hanser

ISBN 3-446-12182-x
Alle Rechte vorbehalten
© 1976 Carl Hanser Verlag München Wien
Reproduktionen:
Graphische Anstalt Wartelsteiner, Garching
Satz und Druck: Kösel, Kempten
Printed in Germany

»Jeder hat das Recht!
Wenn ich diesen Schwachsinn schon höre!
Pflichten hat er, sonst nichts.«

Die Grundrechte

*(Auszug aus dem Grundgesetz
für die Bundesrepublik Deutschland
vom 23. Mai 1949)*

I/1 Die Würde des Menschen ist unantastbar. Sie zu achten und zu schützen ist Verpflichtung aller staatlichen Gewalt.
I/2 Das Deutsche Volk bekennt sich darum zu unverletzlichen und unveräußerlichen Menschenrechten als Grundlage jeder menschlichen Gemeinschaft, des Friedens und der Gerechtigkeit in der Welt.

II/1 Jeder hat das Recht auf die freie Entfaltung seiner Persönlichkeit, soweit er nicht die Rechte anderer verletzt und nicht gegen die verfassungsmäßige Ordnung oder das Sittengesetz verstößt.
II/2 Jeder hat das Recht auf Leben und körperliche Unversehrtheit. Die Freiheit der Person ist unverletzlich. In diese Rechte darf nur auf Grund eines Gesetzes eingegriffen werden.

III/1 Alle Menschen sind vor dem Gesetz gleich.
III/2 Männer und Frauen sind gleichberechtigt.
III/3 Niemand darf wegen seines Geschlechtes, seiner Abstammung, seiner Rasse, seiner Sprache, seiner Heimat und Herkunft, seines Glaubens, seiner religiösen oder politischen Anschauungen benachteiligt oder bevorzugt werden.

IV/1 Die Freiheit des Glaubens, des Gewissens und die Freiheit des religiösen und weltanschaulichen Bekenntnisses sind unverletzlich.
IV/2 Die ungestörte Religionsausübung wird gewährleistet.
IV/3 Niemand darf gegen sein Gewissen zum Kriegsdienst mit der Waffe gezwungen werden. Das Nähere regelt ein Bundesgesetz.

V/1 Jeder hat das Recht, seine Meinung in Wort, Schrift und Bild frei zu äußern und zu verbreiten und sich aus allgemein zugänglichen Quellen ungehindert zu unterrichten. Die Pressefreiheit und die Freiheit der Berichterstattung durch Rundfunk und Film werden gewährleistet. Eine Zensur findet nicht statt.
V/2 Diese Rechte finden ihre Schranken in den Vorschriften der allgemeinen Gesetze, den gesetzlichen Bestimmungen zum Schutze der Jugend und in dem Recht der persönlichen Ehre.

V/3 Kunst und Wissenschaft, Forschung und Lehre sind frei. Die Freiheit der Lehre entbindet nicht von der Treue zur Verfassung.

VI/1 Ehe und Familie stehen unter dem besonderen Schutze der staatlichen Ordnung.
VI/2 Pflege und Erziehung der Kinder sind das natürliche Recht der Eltern und die zuvörderst ihnen obliegende Pflicht. Über ihre Betätigung wacht die staatliche Gemeinschaft.
VI/3 Gegen den Willen der Erziehungsberechtigten dürfen Kinder nur auf Grund eines Gesetzes von der Familie getrennt werden, wenn die Erziehungsberechtigten versagen oder wenn die Kinder aus anderen Gründen zu verwahrlosen drohen.
VI/4 Jede Mutter hat Anspruch auf den Schutz und die Fürsorge der Gemeinschaft.
VI/5 Den unehelichen Kindern sind durch die Gesetzgebung die gleichen Bedingungen für ihre leibliche und seelische Entwicklung und ihre Stellung in der Gesellschaft zu schaffen wie den ehelichen Kindern.

VII/1 Das gesamte Schulwesen steht unter der Aufsicht des Staates.
VII/2 Die Erziehungsberechtigten haben das Recht, über die Teilnahme des Kindes am Religionsunterricht zu bestimmen.

VIII/1 Alle Deutschen haben das Recht, sich ohne Anmeldung oder Erlaubnis friedlich und ohne Waffen zu versammeln.
VIII/2 Für Versammlungen unter freiem Himmel kann dieses Recht durch Gesetz oder auf Grund eines Gesetzes beschränkt werden.

IX/1 Alle Deutschen haben das Recht, Vereine und Gesellschaften zu bilden.
IX/2 Vereinigungen, deren Zwecke oder deren Tätigkeit den Strafgesetzen zuwiderlaufen oder die sich gegen die verfassungsmäßige Ordnung oder gegen den Gedanken der Völkerverständigung richten, sind verboten.

X/1 Das Briefgeheimnis sowie das Post- und Fernmeldegeheimnis sind unverletzlich.

XI/1 Alle Deutschen genießen Freizügigkeit im ganzen Bundesgebiet.

XII/1 Alle Deutschen haben das Recht, Beruf, Arbeitsplatz und Ausbildungsstätte frei zu wählen. Die Berufsausübung kann durch Gesetz oder auf Grund eines Gesetzes geregelt werden.

XII/2 Niemand darf zu einer bestimmten Arbeit gezwungen werden, außer im Rahmen einer herkömmlichen allgemeinen, für alle gleichen öffentlichen Dienstleistungspflicht.

XII/3 Zwangsarbeit ist nur bei einer gerichtlich angeordneten Freiheitsentziehung zulässig.

XIIa/1 Männer können vom vollendeten achtzehnten Lebensjahr an zum Dienst in den Streitkräften, im Bundesgrenzschutz oder in einem Zivilschutzverband verpflichtet werden.

XIII/1 Die Wohnung ist unverletzlich.

XVII Jedermann hat das Recht, sich einzeln oder in Gemeinschaft mit anderen schriftlich mit Bitten oder Beschwerden an die zuständigen Stellen und an die Volksvertretung zu wenden.

XVIII Wer die Freiheit der Meinungsäußerung, insbesondere die Pressefreiheit, die Lehrfreiheit, die Versammlungsfreiheit, die Vereinigungsfreiheit, das Brief-, Post- und Fernmeldegeheimnis, das Eigentum oder das Asylrecht zum Kampfe gegen die freiheitliche demokratische Grundordnung mißbraucht, verwirkt diese Grundrechte. Die Verwirkung und ihr Ausmaß werden durch das Bundesverfassungsgericht ausgesprochen.

XIX/1 Soweit nach diesem Grundgesetz ein Grundrecht durch Gesetz oder auf Grund eines Gesetzes eingeschränkt werden kann, muß das Gesetz allgemein und nicht nur für den Einzelfall gelten. Außerdem muß das Gesetz das Grundrecht unter Angabe des Artikels nennen.

XIX/2 In keinem Falle darf ein Grundrecht in seinem Wesensgehalt angetastet werden.

»Die Würde des Menschen.
Die liegt in einem selbst.«

»Ich war kein Nazi, aber ich bedauere aufrichtig, daß Deutschland den Krieg verloren hat!«

»Der hat früher am lautesten Heil Hitler geschrien und heute ist er wieder ganz oben.«

»Wie viele sind heute in der Partei, um sich ein Pöstchen zu angeln und uns hat man es nach dem Krieg vorgeworfen.«

»Man muß endlich einmal einen Schlußstrich ziehen und uns nicht immer wieder unsere Vergangenheit vorwerfen...«

»...doch soll man nicht verlangen, daß wir vor dem uns und dem deutschen Volke angetanen Unrecht die Augen verschließen und einfach vergessen!«

»Wir können und dürfen nicht vergessen, daß unsere Heimat immer deutsch war und bleiben wird!«

»Ein gläubiger Christ aber darf nur jener Partei seine Stimme anvertrauen, deren Programm auf dem Fundament unserer christlichen Lehre aufbaut.«

»Na, da wollen wir mal wieder in die hohe Politik eingreifen.«

»Ich wähle die Partei, die mein Mann wählt und damit gehe ich jedem Ärger aus dem Weg.«

»Mein Gott, Herr Abgeordneter, Sie sitzen hier und die Abstimmung ist schon in vollem Gange!«

»Sie wissen doch, Herr Kollege, wir Abgeordnete sind an Aufträge und Weisungen nicht gebunden und nur unserem Gewissen verantwortlich.«

»Wenn ein leidenschaftlicher Pro-Zionist mit der alten Garde aus dem Goebbels-Ministerium zusammenarbeitet, das nennt man Politik.«

»Wenn damals alle Juden ... Sie wissen schon, und 1917 die ganzen Bolschewiki ... und hernach die Chinesen und überhaupt die ganze schwarze Bagage ... mei, hätten wir a friedliche, ruhige Welt!«

»Alles wieder fest in jüdischer Hand!«

»Was sagen Sie, diese Bernstein ist eine typische Vertreterin ihrer Rasse.«

»Da wollen wir mal die Araber hüpfen lassen!«

»Offen gesagt, ich habe nie geglaubt, daß Juden so tapfere Soldaten sein könnten. Naja, viel deutsches Blut drinnen.«

»Was haben wir von der Seite schon zu befürchten, oder haben Sie schon mal einen rechten Anti-Militaristen gesehen?«

»Noch zwei, drei Jahre und die Bundeswehr kann sich wie die alte, gute Wehrmacht sehen lassen.«

»Demokratieverständnis und Toleranz enden dort, wo sich Leute durch unsere Argumente nicht überzeugen lassen.«

»Wir haben schwerere Zeiten in unserer Jugend durchgemacht als diese Rotzjungen und sind auch keine Anarchisten geworden.«

»Ich wünsche mir keinen Krieg, aber für die wünsche ich mir einen!«

»Könnten Sie sich das unter Hitler vorstellen?«

»Und wissen Sie, was mein Sohn mir geantwortet hat? Liberaler Scheißer, hat er gesagt!«

»Ausgerechnet Du mit Deiner Vergangenheit willst mir die Grundbegriffe der Demokratie beibringen.«

»Unter uns, machen Sie einen Banküberfall, dann bekommen Sie den besten Polizeischutz, den wir bieten können.«

»Wir nehmen die Bedrohung Ihrer Person keineswegs leicht, doch sind uns die Hände gebunden, solange keine Situation entstanden ist, die uns zum Handeln verpflichtet.«

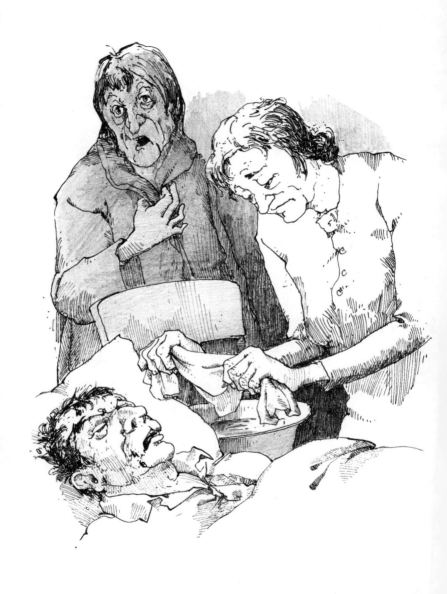

»Warum mischt er sich auch immer in die Politik.«

»Auf Grund unseres Personalmangels ist es unmöglich, jedem Zeugen ausreichend Schutz zu gewähren. Es sollte Sie aber mit Befriedigung erfüllen, ihrer Aussagepflicht noch nachkommen zu können.«

»Recht ist eine Frage des Anwalts und hier wieder eine Frage des Geldes, doch darüber spricht man nicht, wenigstens nicht in der Öffentlichkeit.«

»Das Gericht prüft nur unter verfassungsrechtlichen Gesichtspunkten. Es ist allerdings richtig, daß seine Entscheidungen im Einzelfalle auch politische Auswirkungen haben können.«

»Wenn man bei Ihnen nach Ruhe und Ordnung ruft, ist man doch gleich ein Faschist!«

»Die unkalkulierbarsten, störendsten Präsenzen in der Hauptverhandlung sind die des Angeklagten und seines Verteidigers.«

»Diese Verbrecher machen einfach Hungerstreik, werden behandelt wie rohe Eier und unsereins muß sich überlegen, ob er noch ein Bier trinken darf.«

»Aber eines können Sie mir glauben: Meine Mutter konnte damals unbehelligt durch die Anlagen unserer Stadt gehen – sogar nachts.«

»Ihr redet über Euere Bundeswehrzeit, wie mein Alter, wenn er seine Kriegserlebnisse zum Besten gibt.«

»Bleibe mir mit Deinen Erinnerungen vom Hals. Bei uns in der Truppe herrscht ein ganz phantastischer Kameradschaftsgeist!«

»Also wie Du das Horst-Wessel-Lied gesungen hast, – ich wußte gar nicht, daß Du den Text noch kannst!«

»Mach Du nur Deinen Wehrdienst, wo man diesen ganzen schwulen Haschbrüdern jetzt eins auf die Schnauze gibt, wird aus dem Bundesheer endlich eine Elitetruppe.«

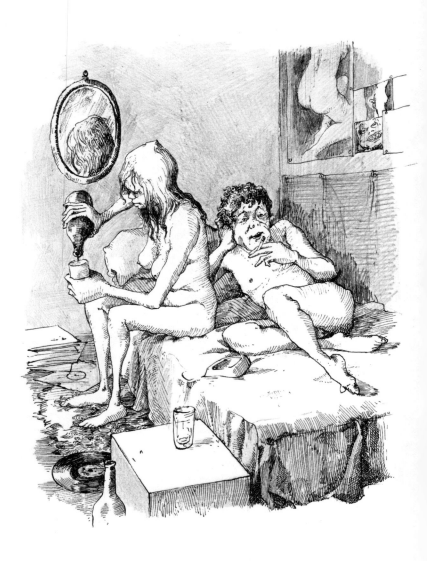

»Quatsch, Kriegsdienstverweigerer, da muß ich Ersatzdienst leisten. Mit den Beziehungen von Deinem Alten ginge es ohne.«

»Wohl auch einer von den linken Drückebergern, mit Gewissensnot unterm Hemd, wa?«

»Ich sehe darin einen Widerspruch, daß Sie keiner Religionsgemeinschaft angehören und dennoch von Gewissensnot sprechen.«

»...aber Abgeordneten, die mit ihrem Mandat zu anderen Parteien überlaufen gesteht man ein Gewissen ohne Prüfung zu!«

»Was wir brauchen, sind Soldaten, welche die freiheitlich demokratische Grundordnung unseres Staates mit der Waffe verteidigen, und keine Bubis, die nach dem Sinn jedes Befehls fragen!«

»Dieser Sauhaufen wird nie einen Krieg gewinen!«

»Wenn es Ihnen hier nicht paßt, gehen Sie doch rüber in Ihre DDR.«

»Für mich bleibt Ostzone Ostzone, – Schluß!«

»Hilfe für Pakistan, Hilfe für Äthiopien, Hilfe für Dingsda, – und wer bezahlt alles? – Du und ich!«

»Aber eines Tages, das sage ich Ihnen, wird man uns wieder eine Meißner Porzellankanne für ein Kilo Butter anbieten!«

»Was interessiert mich Israel, Griechenland, Chile oder Portugal, wir leben in Deutschland und hier klaut man mir die schönsten Rosen aus der Zucht!«

»Wenn ich schon höre, Entwicklungshilfe für Indien! Die sollen mal ihre heiligen Kühe schlachten, dann haben sie auch genug zu fressen.«

»Die Sozis haben noch nie die Gabe besessen, über einen längeren Zeitraum zu regieren.«

»...kompromißlos widerstrebte ihm jeder politische Kuhhandel. Sein Grundsatz hieß: Entweder – oder, wie es sich für einen aufrechten Demokraten geziemt!«

»Chancengleichheit, Mitbestimmung, Unternehmerprofit – alles Schlagworte von Leuten, die nichts leisten wollen.«

»Chancengleichheit? – Junger Mann, 1948 erhielt jeder Bundesbürger die gleiche Chance, nämlich vierzig Deutsche Mark!«

»Der Gedanke, das Gefälle zwischen arm und reich abschaffen zu können, keimt nur in Hirnen, die nicht begreifen wollen, daß man ein Naturgesetz nicht außer Kraft setzen kann.«

»Und nur, weil ich ihr sagte, für das, was Sie als Köchin bei mir verdienen, könnten Sie auch mal die Fenster putzen und auf die Kinder aufpassen, hat sie gekündigt.«

»Damals ging es uns gut, heute geht es uns besser. Zeit, daß es uns wieder gut geht, – Hä hä hä...«

»Natürlich trinke ich. Soll ich Dich anschauen und Deinen beruflichen Aufstieg bewundern?«

»Gnädige Frau, das ist genau der Sessel mit Profil für einen Mann, der sich profiliert hat.«

»Die Deutsche Arbeitsfront war auch eine Gewerkschaft, aber eine mit Maß und Ziel!«

»Wir sind eine kleine Firma, aber wir bilden eine große Gemeinschaft, die bis jetzt noch von keinem durch die Zugehörigkeit zu einer Gewerkschaft getrübt wurde.«

»Nun pochen Sie mal nicht zu sehr auf Ihre Mitgliedschaft in der Gewerkschaft. Wir kommen mit den Vertretern dieser Zunft ganz gut aus.«

»Mitbestimmen, aber keine Verantwortung übernehmen wollen, das habe ich gerne!«

»Langsam werden die Zeiten wieder normal, wer nicht arbeitet, der fliegt.«

»So eine kleine Rezession – dann haben wir unsere Arbeits-
moral wieder.«

»Die Scheiße ist doch, daß die Leute glauben, wir leben von ihrem Geld.«

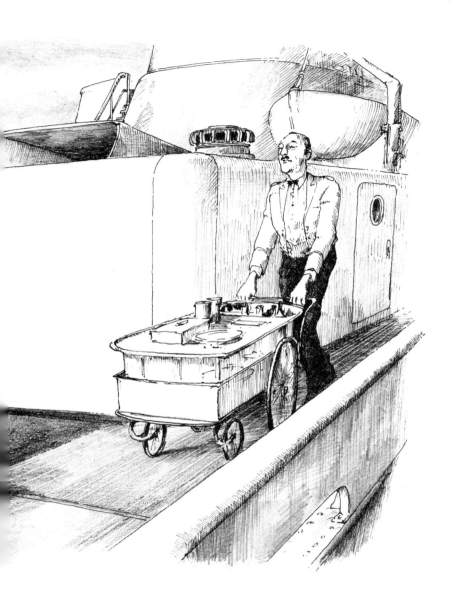

»Ich dachte, Du hättest vor vier Jahren eine Dauerstellung angetreten?« »Ich auch.«

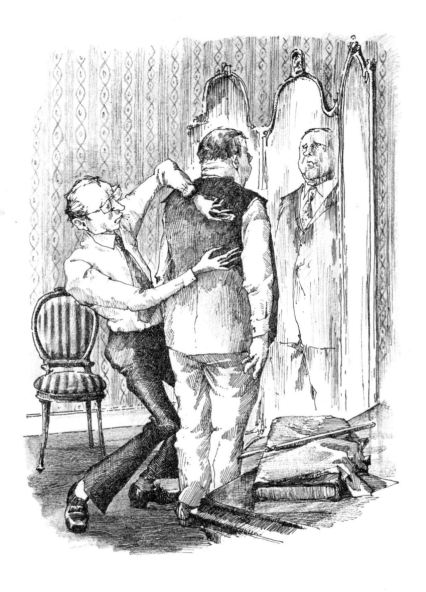

»Dann machen Sie mir noch drei Anzüge, denen eine vornehme Bescheidenheit anhaftet.«

»Alles Schlagworte, das gibt es doch bei uns gar nicht mehr.«

»Na, das ist doch für uns Arbeitnehmer beruhigend.«

»Glaubst Du, der Beitz hätte es zu was gebracht, wenn er solche Ideen im Hirn gehabt hätte wie Du?«

»Unser kleiner Einstein sagt schon alle Sprüche auf, die er im Werbefernsehen hört.«

»Was heißt denn: Du mußt erst mal was leisten, ehe Du mitreden kannst. Was leistest Du denn, außer, daß Du jeden Abend besoffen bist?«

»Wenn Ihr Marx nicht mal gelesen habt, kann ich mit Euch auch nicht diskutieren.«

»So lange ich an diesem Tisch sitze, wird die Stelle von keinem besetzt, dem auch nur der zarteste Linksduft anhaftet – basta!«

»Nein, nein, Frau Mildener, unverheiratet und ein Kind. So was kommt für uns nicht in Frage. Erledigen Sie das, aber höflich.«

»Reden Sie doch nicht immer von Unternehmerprofit. Sie sehen doch selbst, mit welch immensen Schwierigkeiten die Wirtschaft zu kämpfen hat. Und nur, wenn alle an einem Strang ziehen...«

»Ich weiß nicht, was schlimmer ist, ob man mit zwölf Jahren noch an den Storch glaubt, oder mit dreißig an den Fortschritt.«

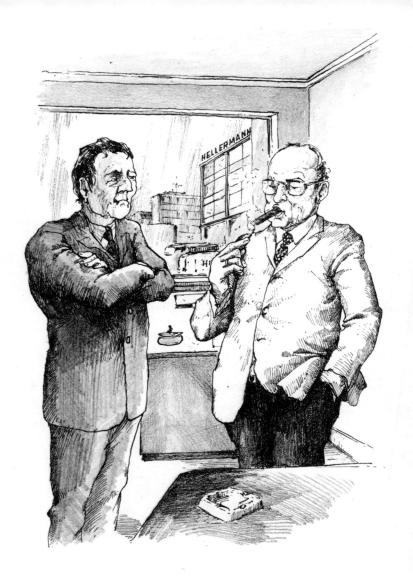

»Im feintechnischen Bereich haben wir mit Frauen gute Erfahrungen gemacht. Erstens sind sie williger, äußerst geschickt und kalkulatorisch natürlich günstiger.«

»Laut Geschäftsleitung wird in unserem Betrieb jeder, ob Mann oder Frau, über Tarif bezahlt, und da wollen Sie das Thema Lohngleichheit anschneiden?«

»Als moderne, fortschrittliche Frau kannst Du doch nicht einfach ein beliebiges Waschmittel nehmen, nur weil es billiger ist.«

»Ich gebe gar nichts auf Werbung, aber Frau Euler meint, diese Creme hilft wirklich gegen Sommersprossen.«

»An der von den Frauen widerspruchslos hingenommenen Diskriminierung in der Werbung erkennt man den Grad ihrer Emanzipation.«

»Für mich ist das kein Problem, wer heute obdachlos ist, hat selbst schuld!«

»Wer fleißig lernt, sauber arbeitet und ordentlich lebt, der wird auch nicht obdachlos. – Hörst Du mir überhaupt zu, Schneider?«

»Mein Sohn studiert auch Philosophie und noch was. Also, wenn der redet, – ich verstehe kein Wort. Na, Hauptsache, er hat's mal besser.«

»Glauben Sie mir, wir haben unsere Erfahrungen. Diesen Leuten ist nicht zu helfen.«

»Wie sich Leute in so einem Saustall wohlfühlen können, werde ich nie begreifen.«

»Zu Herrn Franke wollen Sie? Da warten Sie mal lieber unten, ich werde es ihm sagen.«

»Na, hören Sie mal, wir werden doch die billige Sozialwohnung nicht aufgeben, nur weil wir uns eine teurere leisten können.«

»Ich habe nichts gegen lange Haare, so lange sie nicht über ein gewisses Maß hinauswachsen!«

»Solchen wie Euch hätte man damals einen Spaten in die Hand gedrückt – und das mit Recht!

»Du solltest etwas zurückhaltender sein mit Deinen Bekanntschaften, Maria-Luise.«

»Wer bei uns in einer bestimmten Gegend wohnt, kriegt sowieso keine Lehrstelle.«

»Sie können mich ja nur deshalb nicht leiden, weil ich in der Mau-Mau-Siedlung wohne!«

»Ein Platz für Tiere ist vielleicht noch wichtiger, als für Ihre Rotznasen, die andere Leute belästigen!«

»...dann sperrt der Unmensch die süßen Ferkel in enge Käfige, wo diese armen Tiere sich nicht einmal bewegen können und mästet sie.«

»Als er klein und aus dem Nest gefallen, versprach ich ihm die Freiheit, wenn er einmal groß würde. Jetzt behalte ich ihn, weil er so schön singt.«

»Wo kämen wir denn hin,
wenn sich alle unentwegt auf das
Grundgesetz beriefen?«

»Hau ab! – Stell' den Fernsehkasten an und laß mich jetzt in Ruh'!«

»Schluß jetzt, das ist keine Sendung für Kinder. Morgen darfst Du Dir den Krimi anschauen.«

»Mensch, kill ihn!«

»Immer diese scheiß Politik.«

»Reizend, wie Sie sich für so eine Familie einsetzen. Aber was glauben Sie, was die anderen Mieter sagen, wenn ich eine kinderreiche Familie ins Haus nehme.«

»Wie meine Schwester es in diesem Haus aushält, wo man hinsteigt, tritt man auf Kinder.«

»Hoffentlich geht die Alte bald. Da kommt ja überhaupt keine Stimmung auf.«

»Was heißt denn überbelegt. Wissen Sie, mit wieviel Mann wir in Gefangenschaft auf einer Bude gehaust haben?«

»Nach Germany kommen, kein Hemd auf'm Arsch, aber Ansprüche stellen!«

»Zuhause leben die im Dreck und hier beschweren sie sich, weil nur eine Wasserstelle für 100 Mann zur Verfügung steht.«

»Jetzt stehe ich zwei Stunden hier und schaue diesen faulen Säcken von Gastarbeitern zu.«

»He, Kümmeltürk, da liegt noch Dreck!«

»In einem deutschen Restaurant kann ich doch wohl erwarten,
daß man die deutsche Sprache beherrscht!«

»Nicht nur, daß wir Eurem Miststaat Milliarden ins Maul schieben; jetzt wollt Ihr hier auch noch den großen Mufti spielen.«

»Und wenn Dich mal so einer anfaßt, habe ich zu meiner Frau gesagt, sag mir's, dann bummst's im Karton!«

»Wollen Sie es sich nicht lieber noch einmal überlegen, bevor Sie diesen Schritt tun?«

»Ne, ne, Herr Wörler, nicht genug, daß Sie Ihre Freundin mit auf Ihr Zimmer nehmen, nun auch noch so was!«

»Das Zimmer ist leider schon vermietet.«

»Ich vermiete nicht an Ausländer; oder können Sie 300 Mark zahlen?«

»Ich bin doch kein Sozialinstitut, habe ich gesagt, wem meine Zimmerpreise nicht passen, der kann gehen.«

»Wir brauchen keine Krankenhausreform, sondern ein hohes Maß Verständnis für unsere Situation, Herr Kollege.«

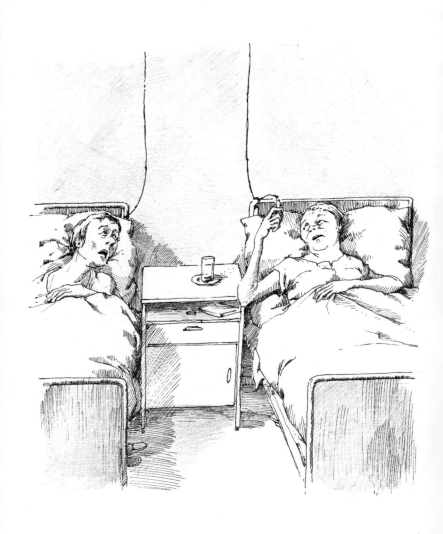

»Hier können Sie lange klingeln, da kommt keiner.«

»Reden Sie keinen Unsinn, bei uns genießt jeder Patient die gleiche Behandlung, ob in der ersten oder dritten Klasse.«

»Hallo, Leute, wir sind Fußballweltmeister geworden!«

»Wissen Sie, warum ich trinke? Weil mein Sohn mit vierzehn zu einem Säufer geworden ist!«

»Wenn man Sie in eine andere Abteilung überstellt, ist das für Sie doch auch eine enorme Erleichterung.«

»Glückwunsch, Meierling, für 40 Jahre Mitarbeit im Betrieb. Sicher haben Sie sich ein kleines Sümmchen für die letzten, schönen Tage zurückgelegt. – Viel Glück dann!«

»22 Jahre habe ich die Arbeit alleine bewältigen müssen, und Herr Günther hier Herr Günther da. Jetzt schieben sie mich ab und setzen zwei junge an meine Stelle!«

»Du bist auch zu nichts mehr zu gebrauchen. Jetzt hast Du Dir wieder die falsche Packung andrehen lassen.«

»Die Kinder bringen und verschwinden. Das ist auch der einzige Grund, warum Ihr mich besucht.«

»Wie, richtig verliebt, ich denke in Ihrem Alter ist man aus dem Schneider?«

»Der Arsch geht mit der Alten einkaufen und kriegt nicht mal was dafür!«

»Ach die Alten, die wissen alles besser. Ich frage mich nur, warum die so viel Scheiße gebaut haben.«

»Naja, man ist ja schließlich kein Kostverächter, aber was zu weit geht, geht zu weit.«

»Ihr Sohn zeigt durchaus besten Willen, dennoch fehlen ihm gewisse Voraussetzungen, die wir als Pädagogen nicht nachliefern können.«

»...dieser Junge ist für alle anständigen Kinder ein Ärgernis. Daher fordere ich seine Entfernung aus der Klasse, andernfalls ich mich höheren Ortes beschweren werde!«

»Herr Kollege, Sie dürfen mir noch so oft erklären, daß diese Schülerdemonstranten keine Kommunisten sind. Für mich sind sie es!...

»...hingegen stehen die Vertreter der Jungen Union, im Gegensatz zu Ihren klassenkämpferischen Schützlingen, auf dem Boden unserer demokratisch-freiheitlichen Grundordnung...

...außerdem betreiben sie an dieser Schule keine Agitation, sondern werben für Freizeitgestaltung, Sport und kulturelle Veranstaltungen!«

»Ich habe jetzt fünfundvierzig in der Klasse!«

»Ei, ich geb' Dir gleich autoritäre Erziehung, dann knall ich Dir noch eine!«

»Schwängern lassen und Deiner Mutter noch Vorwürfe machen,
daß Du in so einem Loch wohnen mußt – Du Saumensch!«

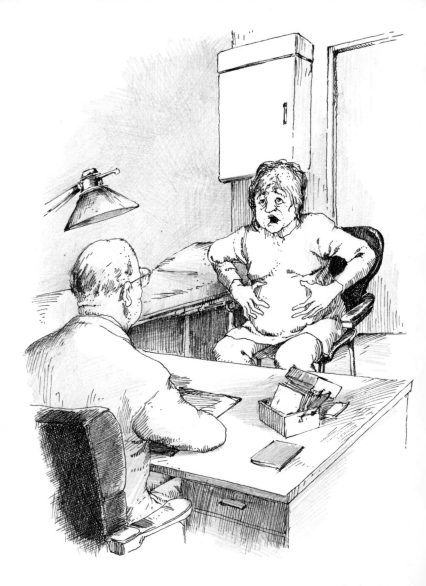

»So lange wir's im Bauch tragen, seid ihr besorgt und schreit entrüstet, wenn was passiert. Wenn es dann krabbelt, kümmert sich kein Schwein mehr drum!«

»Wo soll ich denn das Geld hernehmen, ich hatte auch keins, als Du in meinem Bauch warst.«

»Und erst gestern sagte ich noch zu den Krügers, unsere Inge tut uns so was nicht an.«

»Natürlich ist es einer Frau gestattet, wenn sie befürchten muß vergewaltigt zu werden, Mittel zur Verhütung einzunehmen.«

»Wenn Du aufrichtig Dein Tun bereust, regelmäßig die Sakramente empfängst und das Kind im rechten Glauben erziehst, wird Gott Dir vergeben, und mit Deinem Vater rede ich noch.«

»Eine Todsünde reicht Dir nicht, Du willst wohl auch noch die ewige Verdammnis?«

»Wissen Sie, was Ihnen gehört? – Eine Tracht Prügel von Ihrem Vater!«

»Meine Anna und ich haben uns früher nicht um so was gekümmert, da werden wir doch jetzt nicht damit anfangen.«

»Die emanzipatorische Entwicklung der Frau findet schlicht dort Grenzen, wo ihre biologische Beschaffenheit sie hindert, wie ein Mann zu sein.«

»Die definieren Frauenemanzipation so, als sei es unser einziger Wunsch, auch einen Penis zu besitzen!«

»Rauchen und saufen machen sie einem madig, die Liebe gilt als Schweinerei, nur die Arbeit, die steht sauber da!«

»Die Weiber sollen jetzt mal ihre unlogische Schnauze halten, wenn wir hier diskutieren!«

»Von mir aus geh' zu Deiner Emanzipations-Diskussion, aber bilde Dir nicht ein, daß ich hier Hausmann spiele.«

»Du könntest Deinem Sohn ruhig auch einmal bei den Schulaufgaben helfen.«

»Wir fortschrittlichen aufgeschlossenen und modebewußten Frauen wissen durchaus unsere Werte zu schätzen, doch sollten wir uns hüten, das Feld jenen zu überlassen, die dem Begriff Frauenemanzipation einen Linksdrall verleihen.«

»Schön, kämpfe Du für die Emanzipation, ich vertraue auf Gott und dann wollen wir mal sehen, wer recht behält!«

»Ach Du mit Deiner ewigen Politik, verschwind!«

»Und wenn meine Alte mal nicht pariert, gibt's eine Tracht Prügel, dann spurt sie wieder und außerdem hat Sie's gern!«

»Sag' ich auch ständig zu meiner Sonny, eine Frau, die den Haushalt gut führen kann, wird noch von jedem Manne geschätzt.«

»Der soll seine Hilde ordentlich vögeln, dann ist sie ausgelastet und kommt nicht auf blöde Gedanken!«

»Kannst Du das nicht erledigen, so lange ich im Büro bin?«

»Nun hör mal: Du bist eine klasse Frau, eine tolle Hausfrau und Mutter, für mich bist Du emanzipiert genug!«

»Als ich ihm auf den Zahn fühlte, ließ er durchblicken, daß ich für diese Stelle einen biologischen Fehler habe.«

»Da siehst Du mal, wo es hinführt, wenn Weiber studieren!«

»Ihre Vorgängerin war kaum vier Wochen hier, da stellte sich heraus, daß sie im fünften Monat schwanger war. Wie sicher kann ich da bei Ihnen sein?«

»Liebes Evchen, in unserem Bekanntenkreis haben wir so viele nette Jungens, die Dich verehren und aus anständigen, gesicherten Verhältnissen kommen...

...Vater und ich haben bei Gott nichts gegen Manfred als Mensch. Und nur, weil er nicht katholisch ist, ich bitte Dich. Eine lose Freundschaft ja, aber...«

»Ich lasse mir nicht vom Herrn Pfarrer die Bude einrennen, nur weil mein Fräulein Tochter sich in den Kopf gesetzt hat, diesen atheistischen Wirrkopf zu heiraten!«

»Jetzt will ich Ihnen mal was sagen:
Was man uns heute so vorsetzt,
das hätte man früher mit Recht...«

»Bieten wir mit unserer christlichen Religion denn nicht jedem genug Möglichkeit, an Gott zu glauben?«

»Die Unzufriedenheit des Menschen wächst proportional mit dem Wissen des einzelnen. Gibt das nicht genug Anlaß zu denken?«

»Die Nerven von denen möchte ich haben.«

»... Sie müssen Respekt üben vor Ihren Eltern, Ihren Professoren, den Universitäten. Wer keinen Respekt hat, kann nichts erreichen!«

»Ich beneide Sie deshalb als freischaffenden Künstler, weil Sie in unserem Staate tun und lassen können, was Sie wollen.«

»Ich übernehme Ihre ganze Jahresproduktion unter der Bedingung, daß Sie in Zukunft exklusiv für mich arbeiten.«

»Für mich war er einer der größten Staatsmänner und mit dieser Ansicht stehe ich wirklich nicht alleine.«

»Lassen Sie mal die Ideologie beiseite, malen konnten die Leute!«

»Sagen Sie mal, ist das jetzt Tells oder Beuys Hut?«

»Ich will beileibe nicht dem Kitsch im Dritten Reich das Wort reden, doch was man uns heute so vorsetzt – na.«

»Ihre Protestsongs mag ich, weil die Melodien so richtig ins Ohr gehen.«

»Sing doch nochmal den Song von den Reichen am Kamin, der paßt so richtig auf meinen Nachbarn, diesen Angeber.«

»Bevor unser Richard diese Sexgeschichten verschlingt, soll er lieber ein paar anständige Bücher lesen.«

»Ach wie süß!«

»Wissen möchte ich, warum der Karajan so viel besser sein soll als der Böhm?«

»Wo Unterschied, ich Ausländer, entlassen, Du Linker, nix Arbeit?«

»Scheiße, in zehn Minuten beginnt das Fußballspiel!«

»Oje, das gibt ein beschissenes Wochenende. Da ist mein Alter wieder sauer!«

»Wenn bei uns der Leistungssport so vom Staat unterstützt würde wie im Osten, wären unsere Leute Super-Weltklasse!«

»Leute, Fußball ist kein Sport, Fußball ist Krieg!«

»Pfuii!«

»Mensch, halt die Fresse, hier geht's ums Gewinnen, nicht um Sport!«

»Ganz einfach, denken Sie bei jedem Artikel, den Sie schreiben, was könnten die Herausgeber dazu sagen.«

»Meine Herren, wir verkaufen hier eine Zeitung und nicht Ihre Meinung!«

»Da schreien sie immer: Die Zeitungsvielfalt ist in Gefahr! Es sind doch genug da.«

»Früher hätte man sich mit so einem Kommunistenblatt nicht mal den Hintern abgewischt!«

»Diese Pseudojournalisten, die ständig nach der Pressefreiheit schreien, sollte man nach Rußland schicken!«

»Was heißt denn hier Recht?
Wenn wir nicht bald mit dem
falschverstandenen Freiheitsgetue
aufhören, gehts Licht aus!«

»Höchste Zeit, daß die Menschheit zur Besinnung kommt und die wirklichen Werte des Lebens wieder erkennt.«